LE CULTE

DE

SAINT MICHEL

DANS LES

ANCIENS DIOCÈSES LANDAIS

PAR

L'abbé V.-M. FOIX

AIRE-SUR-ADOUR

Typ. J. Labrouche, Imprimeur de l'Évêché

—

1898

LE CULTE

DE

SAINT MICHEL

DANS LES

ANCIENS DIOCÈSES LANDAIS

PAR

L'abbé V.-M. FOIX

AIRE-SUR-ADOUR

TYP. J. LABROUCHE, IMPRIMEUR DE L'ÉVÊCHÉ

—

1898

Le Culte de Saint Michel

dans les anciens Diocèses landais

I. — Avant-propos.

Dans le dernier Congrès national catholique (séance du vendredi 3 décembre), M. Martin a lu un rapport sur le culte de saint Michel, il a fait l'historique de cette dévotion et montré comment elle correspond aux idées contemporaines. La pensée nous est venue d'étudier cette même dévotion dans les anciens diocèses landais. Il y aurait peut-être là de quoi prendre pour la plus grande gloire de Dieu et le salut des âmes.

On nous dispensera de faire l'hagiographie de saint Michel, l'un des principaux esprits célestes qui précipita dans l'abîme les anges rebelles, et que les Juifs regardaient comme le protecteur spécial de leur nation. Il est aussi considéré comme le défenseur du peuple chrétien et en particulier de là nation Française, et l'on n'a pas oublié que S. S. Léon XIII recommande à sa sollicitude les intérêts de l'Eglise.

Saint Michel est diversement représenté : ordinairement une balance à la main gauche, un glaive à la main droite et un dragon sous ses pieds. La balance signifie la justesse du jugement qu'il prononça sur les intérêts de Dieu ; le glaive, la justice qu'il exerça contre les anges rebelles ; et le dragon terrassé, son éclatante victoire.

On le figure aussi présentant des balances à l'Enfant Jésus : dans les plateaux sont les âmes des justes. On le représente enfin pesant les âmes des coupables du sang innocent, et ce dernier sujet n'était pas le moins en faveur chez nos peintres Landais.

Saint Michel a deux fêtes : le 29 Septembre, fête principale, et le 8 Mai, jour de son apparition au Mont Gargan.

II. — Le culte de saint Michel dans l'ancien diocèse de Dax.

Amou. — Qui se souvient aujourd'hui de la prébende de saint Michel fondée en l'église St-Pierre d'Amou, et dont le titulaire de 1688 vendit le « camp de George », qui en dépendait, pour sept livres de rente annuelle ? (1) Le titulaire n'était autre que Maître Jean-Marie Bergoing, prêtre, docteur en théologie, successivement curé-major Dax, 1669-1678, et vicaire-général du diocèse, 1681.

(1) Archiv. du Sénéchal Dax.

Aʀᴊᴜᴢᴀɴx.— En 1740 on voyait dans la nef l'autel de saint Michel, (2) autel rebâti en 1858 mais dédié à saint Joseph.

Aᴜᴛᴇʀʀɪᴠᴇ (Canton de Salies). — Sent-Miqueu d'Autarribe, nom patronal, est mentionné dans une charte de 1442. (3)

Puisque nous rencontrons le nom patois du Saint, qu'on nous permette une légère digression au point de vue *folk-lorique* Landais. Saint Michel est loin d'être ignoré de nos paysans, puisque

> A Sen-Miquéù,
> Lou lin qu'é pinssalhéù.

Ce qui veut dire en bon français : si le lin n'est semé qu'à la saint Michel, gare aúx pinsons et à leur bec rapace.

On dit aussi du côté de Saint-Paul :

> Miquéù,
> Es boun lou méù?
> Tastéù.

Parce qu'à la fin Septembre, c'est le moment d'extraire le miel des ruches, et de contenter la gourmandise.

Les domestiques du Marensin connaissent particulièrement notre archange : quand ils changent de maître, *qu'an héyt Sen-Miquéù* (c'est l'expression reçue), et quand ils touchent leurs gages ils s'écrient : *Sen-Miquéù qu'es un brabe omi.*

Ne sont pas aussi contents les amateurs du goûter, car

> A Sen-Miquéù,
> Lou brespeya que mounte ou céù.

Autrement dit : on ne goûte plus, les journées sont trop courtes. Enfin les chasseurs ne dissimulent pas leur joie aux approches du 29 Septembre, parce que

> Per Sen-Miquéù
> Le becade cayt dou céù.

Il y a bien une autre expression gasconne : *Qu'é hort coum lou cap de Sen-Miquéù*, qu'on emploie pour exprimer la dureté du pain sec. Nous laissons à de plus habiles la solution de ce problème.

Bᴇ́ɢᴀᴀʀ.— Bégaar comme Arjuzanx avait dans la nef deux autels, l'un à Notre-Dame, l'autre à saint Michel. (4) Il est bien question, dans un inventaire du 23 Vendémiaire an XIII, de deux bannières usées, l'une à Notre-Dame, l'autre à saint Pierre, (5) mais celle de saint Michel n'exista peut-être jamais.

Bᴇ́ɴᴇssᴇ-ʟᴇ̀s-Dᴀx.— De temps immémorial cette paroisse a eu saint Michel pour patron. Vers 1110, Guilhém-Ez de Sort, Bernard de St-Geours, son gendre, et Fédac, fils de ce dernier, se disputaient

(2) Archiv. du presbyt. Dax. Visite pastorale.
(3) Raymond, Diction. topogr. p. 17.
(4) Archiv. du presbyt. Dax.
(5) Archiv. de Bégaar.

la possession des pommiers qui croissaient dans le cimetière saint Michel de Bénesse, et des clefs qui ouvraient l'église; ils élevaient même des prétentions sur le revenu des messes chantées. L'abbé de Sorde, Ainer (1105-1119), les désintéressa en leur achetant un beau cheval de cent sous d'or. (6)

Bien que nous ignorions les motifs de cette intervention, il n'est pas douteux qu'il s'agit ici de Bénesse-lès-Dax, et non de Bénesse-Maremne, comme l'ont écrit, à tort selon nous, MM. Paul Raymond et de Cauna (7).Dans notre hypothèse, corroborée d'ailleurs par d'autres chartes du Cartulaire de Sorde, (8) les personnages en question appartiennent à Sort, non Soorts, et à St-Geours d'Auribat, non à St-Geours de Maremne. Bénesse-Maremne d'ailleurs a pour patron saint Martin de Tours.

BEYLONGUE. — L'autel de Saint-Michel avec rétable et tableau, confrérie en sus, attirèrent l'attention de la visite pastorale du 24 Novembre 1668 (9). Mgr Suarès d'Aulan constata, le 26 Avril 1740, que cette confrérie n'avait pas de Statuts, et se proposa de l'unir à celle du Saint Sacrement.

BIGANON.—Ici nous avons,grâce à deux visites pastorales,l'explication de ces autels à double titulaire assez fréquents au dernier siècle. Ainsi la visite du 19 Mai 1740 signale à Biganon un même autel dédié à la fois à Notre-Dame et à saint Michel (10). Or la visite du 27 Novembre 1669 signale deux autels bien distincts : du côté de l'épitre, hors le presbytère, un autel dédié à saint Michel ; plus avant du côté du midi, une chapelle à Notre-Dame, avec un autel au milieu, et au milieu de l'autel une petite image de Notre-Dame en bois peint, tenant le petit Jésus entre les bras, et couverte de linges et de rubans, de la hauteur seulement d'un pied (11). Conclusion : un autel à double titulaire est un mémorial qu'autrefois chaque titulaire avait eu son autel distinct.

BOURICOS. — Saint Jean de Bouricos est très connu. Cependant M. de Cauna parle de saint Michel comme patron (1). Sur quoi repose cette assertion ? Les visites pastorales mentionnent au Nord l'autel de saint Antoine, au Midi celui de Notre-Dame ; mais de saint Michel, point, à moins qu'on n'attribue à son culte un appentis, dont Mgr d'Aulan exigea la démolition (22 mai 1740), appentis qui ci-devant servait de chapelle, et se voyait près d'une fontaine au coin du jardin de M. le Curé (2).

(6) Raymond : Cartul. de Sorde, p. 52.
(7) De Cauna : Souven. du Congr. p. 79.
(8) Cf. l'acte XLIX, p. 37.
(9) Archiv. de Dax, GG. 37.
(10) Archiv. du presbyt. Dax.
(11) Archiv. de Dax, GG. 37.
(1) Souven. du Congr., p. 86.
(2) Archiv. du presbyt. Dax.

Çapbreton. — C'est devant l'autel de saint Michel, dans la nef, au Nord, que prêtaient serment les nouveaux jurats choisis d'ailleurs le 29 septembre (3).

Caslelnau-Chalosse. — Dans la nef, la chapelle de gauche est dédiée à notre saint (4).

Castets. — L'autel de saint Michel est cité dans une visite épis-copale de 1734 (5).

Caupenne. — Le nom de saint Michel, patron secondaire, se lit avec les autres sur l'inscription latine de la petite porte d'entrée de l'église. La chapelle était dans la nef à gauche (6).

Cornalis. — Ce quartier de Morcenx, siège d'une commanderie de Malte, avait autrefois sa chapelle dédiée à saint Michel.

« A l'époque de la Révolution, dit M. de Cauna, la statue de » l'Archange fut jetée ou cachée dans les broussailles, et découverte » plus tard par un chevrier qui apercevant la figure un peu sévère » du milicien céleste ne savait s'il voyait le chef d'une bande de » brigands, l'esprit ou le diable en personne, se sauva et répandit la » terreur dans la contrée : les habitants n'osaient approcher de ce » lieu. » On finit pourtant par relever la statue et la placer dans la nouvelle église du Bourg de Morçenx. On lui a dédié un autel paral-lèle à celui de la sainte Vierge (7).

Le travail toujours bon à consulter de M. l'abbé Départ sur les Commanderies nous donne quelques détails intéressants sur les revenus de Cornalis et les difficultés des commandeurs au sujet du droit de dépaissance (8). Cornalis prenait également beaucoup de fiefs sur les maisons du quartier, et il fallait que les rentes fussent rondelettes puisqu'on les voit affermées en 1589 par une riche dac-quoise, Jeanne Dayrose, demoiselle, épouse de maître Jean de Baf-foigne, seigneur d'Auros (9).

En 1658, Jean de Lescarret, marchand de Morcenx, avait pris à la fois en ferme les dîmes et fiefs que les quartiers de Cornalis et d'Abet (?) (10), les paroisses de Luglon et de Ronsacq, et le moulin du Viscomptal en Bégaar, faisaient à la commanderie de saint Jean de Rhodes.

(3) Archiv. de Capbreton BB. 13, d'après les notes de M. l'abbé Gabarra.

(4) Monographie paroissiale.

(5) Archiv. de Dax, GG. 36

(6) Monogr. paroiss.

(7) Souven. du Congr. p. 81.

(8) Les Commanderies... p. 23-24.

(9) Archiv. du chât. de Castillon.

(10) Archiv. du Sénéchal Dax.— Abet ou Abès était le nom d'un moulin, sans doute en Cornalis, que les commandeurs avaient cédé, le 30 septembre 1591, à Noble Jean de Mongran, seigneur de Castillon, moyennant 2 escus sol. de rente annuelle. Nous avons peut-être là une petite commanderie très ancienne dépendant de Cornalis.

Dax. — L'ancien autel de saint Michel était situé dans un bas-côté de la cathédrale à droite de l'autel de la sainte Vierge. Il a disparu depuis quelques années, mais le grand archange reste toujours le patron de la société des tonneliers (11). La cloche de Dax, la plus ancienne, a un petit médaillon qui représente saint Michel à figure nimbée (12).

Gamarde. — L'ancienne chapelle du Bourg avait deux autels dont l'un de saint Michel (13).

Gourbera. — En 1789 on répara l'autel de saint Michel sans doute aujourd'hui oublié (14).

Gourbie. — Qui nous dira l'histoire et les destinées de l'ancien prieuré de Gourbie? Qui croirait aujourd'hui que cette solitude a été peuplée de moines, qu'une colonie de Bénédictins sortis de Cagnotte a planté là sa tente et fait fleurir le désert? On verra peut-être un jour se réveiller un glorieux passé. On se contente aujourd'hui de noter au vol l'autel de saint Michel et de saint Joseph.

Un jour — il y a bien longtemps, sans doute — que le prieur célébrait avec toute la solennité possible la fête du glorieux archange, et passait devant chaque statue en prodiguant l'encensoir, le sacristain nouveau-venu fut frappé de la tournure martiale que le sculpteur avait donnée à l'archange déchu qui semblait frémir encore sous le talon vainqueur. Quand il fut arrivé devant la statue de saint Michel, après l'avoir encensé comme il convient, le prieur se retournait, lorsqu'il s'entendit à voix basse interpeller par le sacristain :

— Mais, malheureux, c'est le démon !

— Oh! répondit le sacristain dans son naïf langage, *dat lou uou humade : saben pa de qui poden abe besougn.*

Laurède. — Notre saint avait un autel spécial dans le bas-côté du midi. Il reste encore assez visibles les balances en maçonnerie qui lui servaient à peser les âmes.

Une toile, mentionnée déjà en 1729, et déposée au presbytère, représente le saint enchaînant le dragon dont la tête énorme ploie et s'écrase. Quoique dans un état bien imparfait de conservation, cette image est saisissante. L'autel — actuellement dédié à Saint Joseph — est en marbre d'Italie, placé en 1773. Au milieu du tombeau se détache, en saillie, un médaillon présentant un buste de soldat coiffé d'un casque à aigrette. Le profil, le casque, l'aigrette, la chevelure, les moindres détails en un mot, tout est parfaitement marbré avec une délicatesse, un fini d'artiste. Ce guerrier des temps antiques serait-il donc Saint Michel ?

(11) Monogr. paroiss.
(12) Pédegert : Notice... sur N.-D. Dax, p. 68.
(13) Archiv. presbyt. Dax. Visite de Mgr d'Aulan.
(14) Archiv. du presbyt. de Gourbera.

Lesgor.—Entre M. de Cauna qui désigne saint Michel (15) comme patron de Lesgor et les visites épiscopales qui nomment saint Pierre, il faut opter pour saint Pierre, et se contenter de reconnaître à l'archange un latéral. (16)

Lesperon.—Notre saint est le patron secondaire, et l'on sait avec quelle âme d'artiste un de nos missionnaires les plus méritants a travaillé saint Michel en paroles enflammées et en pierres sculpturales, vrai poème élevé à sa gloire. Autrefois l'archange n'était pas moins en renom, et l'on n'a pas oublié qu'en 1766, par l'ordre du « fabricien de saint Michel », le fameux peintre de Toulouzette, Sr Jean-Baptiste Despoys, s'engagea pour la chapelle « de dorer » les ailes et les ceintures des anges... les consoles et les colonnes, » et toute la statue à la réserve des parties qui sont en couleur de » chair, et mettre le fond du rétable, colonnes et autres ornements... » en couleur de bleu de ciel », le tout pour 242 livres. (17)

Lier (Saint Pierre de).—Cette église ancienne, aujourd'hui disparue, comptait dans la nef une chapelle à saint Michel.

Lue. — Au nord, dans la nef, autel du saint, patron secondaire (18).

Meilhan.— La chapelle du saint était également au nord, dans la nef ; mais en 1740 le tableau était à changer. La confrérie avait des Statuts approuvés par Mgr d'Arboucave. (19) Il paraît que cette confrérie est encore en exercice ; elle inscrit dans ses Registres les petits enfants, surtout lorsqu'ils sont malades. Le 29 Septembre il y a grand concours, et l'on dit une messe pour eux. Il serait à désirer qu'on publiât les anciens Statuts, s'ils existent encore.

A 200 mètres de l'église coule la fontaine de saint Michel dont l'eau a une vertu contre les fièvres. (20)

Ondres.—Dans la nef, au Nord, était la chapelle de saint Michel.(1)

Onesse.— St-Jean-d'Onesse avait pour patron secondaire le vainqueur de Lucifer. (2).

Pey.— Le grand tableau du rétable, en 1739, représentait la sainte Vierge, saint Saturnin (patron), et saint Michel. Il n'y avait alors cependant qu'une chapelle neuve dédiée à Notre-Dame (3) ; il est à croire que notre saint avait eu précédemment son autel particulier.

---

(15) Souven. du Congr., p. 73.
(16) Archiv. du presbyt. Dax. — M. de Cauna est en général fort exact ; mais dans ces questions de patron, il doit être lu avec réserve.
(17) Archiv. de M. Destouesse, de Gousse.
(18) Archiv. du presbyt. de Dax. Visite pastorale de 1740.
(19) Archiv. du presbyt. de Dax.
(20) Monogr. paroiss.
(1) Archiv. presbyt. Dax. Visites pastorales.
(2) Cauna : Congrès... p. 81.
(3) Archiv. du presbyt. Dax.

Pontonx. — Grâce à l'inventaire de Bernard de Pomiers, curé de Pontonx (1633), si heureusement mis en lumière par les savantes recherches de M. l'abbé Gabarra, nous savons que dans la crypte de l'église St-Caprais, il n'y avait « plus de relique insigne, mais seule-
» ment un autel dédié à saint Michel et surmonté d'un tableau qui
» représentait le bienheureux archange. Cette crypte, si célèbre
» autrefois par la gloire et les prodiges du martyr saint Maur,
» s'appela désormais la chapelle de St-Michel. » (4)

Pouy. — Encore un autel avec tableau, dans la nef (1740), le seul qui existât.

Richet. — Ici, au contraire, on en comptait deux dans la nef, entre autres celui de saint Michel au midi. (5)

Sabres. — « La porte de l'église de Sabres, admirable sous tous
» les points de vüe, est formée de cinq voussures à anse à panier...
» Au milieu du tympan, se dresse fièrement saint Michel, patron de
» l'église. Il est armé comme un vrai chevalier du Moyen-Age : la
» tète découverte, l'épée en croix sur le cou, l'écu à la main gau-
» che, le corps défendu par la cuirasse et les jambarts, il écrase
» d'un pied vainqueur le dragon terrassé. » (6)

La fontaine du saint se voit encore sur la crète qui domine l'Es-camat, un peu plus loin que le Moulin neuf. (7) Ce « trou creusé
» dans le sable » n'est pas tout a fait abandonné : le tronc reçoit même quelques offrandes des pieux visiteurs. (8)

St-Geours-de-Maremne. — Le curieux testament d'une « hôtesse » de cette paroisse, Jeanne-Marie-Saint-Martin (19 juillet 1749), con-tient un legs d'une nappe à l'autel de saint Michel. (9)

St-Michel-de-Gieure. — La visite épiscopale du 26 novembre 1734 ne mentionne qu'un seul autel dans l'église, mais dans un coin du cimetière, « une chapelle nouvellement bastie sur les ruines d'une
» ancienne chapelle dédiée a saint Michel, où il y a eu de tout
» temps une grande dévotion. » (10) En 1657, Martin Caron, sculp-teur de Lescar, promit « faire ung tabernacle doré avecq le rétable
» de boys de noyer blanchy et plastré avecq ung fillet d'or a l'en-
» tour, conformément a celui des religieuses de Sainte-Claire
» Dacqs... plus d'enjoliver l'imaige de saint Michel quy est sur
» le grand authel quy demeure englobée dans le rétable. » L'enjoli-vement était sur le marché qui allait à 600 livres. (11)

(4) Petite Rev. 1874, p. 174.
(5) Archiv. presbyt. Dax.
(6) Petite Rev. 1870, p. 349. Art. de M. Louis Meyranx.
(7) De Canna : Congrès... p. 53.
(8) Monogr. paroiss.
(9) Etude de Soustons, Mirembeau nre.
(10) Archiv. de Dax, GG. 37.
(11) Arch. du presbyt. de Léon.

Un cartulaire hypothétique parlerait de « Sanctus Michaelus Jovis » ararum in Marensino » ; les textes parlent simplement de saint Michel de Juerere, Gioure ou Gieure(12) : et ces simples textes sont, je crois, suffisants pour ruiner par la base tous les temples de Jupiter rêvés par les archéologues. Signalons la fameuse foire annuelle des domestiques où accourent par milliers les habitants du Marensin. En conclure néanmoins que ce fut un lieu d'assemblée des Tarbelles, c'est très possible, mais le moindre texte ferait mieux notre affaire.(13)

St-Paul-lès-Dax.— Notons, dans la nef, l'autel de saint Michel.

St-Vincent-de-Tyrosse. — A la même époque (1740), l'autel du même saint est signalé dans le sanctuaire; le tableau était à réparer.(14)

St-Vincent-de Xaintes. — Même observation qu'à Saint-Paul.

Saubaignac. — Cette ancienne chapelle dédiée à saint Martin et vendue le 16 Fructidor an IV avait, lors de sa démolition, un tableau de saint Michel. C'est du moins l'assertion de M. Hector Serres qui a reproduit, dans la Société de Borda, une statuette de saint Martin et un monogramme du Christ, seuls vestiges connus de l'église d'antan.

Saubusse. — La chapelle de saint Michel appartenait à la maison noble de Betbeder; les seigneurs y furent ensevelis jusqu'à noble Etienne Ducros, écuyer, garde du corps du Roi, mort le 26 octobre 1767. (15) C'est là que le jeudi saint les prêtres allaient reposer le saint Sacrement, et que les maires et « jugesses » n'y gardaient pas toujours un silence respectueux. (16)

Sindères.— Encore un ancien prieuré dont un savant annotateur des choses du passé nous donnera peut-être avant longtemps la curieuse monographie. Qu'il n'oublie pas cette ancienne confrérie de saint Michel attachée à l'autel du même nom, et dont les statuts n'existaient pas, du moins n'étaient pas connus en 1740. (17)

Sorde.— On sait que les Bénédictins, curés primitifs, officiaient exclusivement à tout autre dans le sanctuaire et la grand nef; le vicaire perpétuel ne faisait ses fonctions que dans une chapelle du collatéral où les moines l'avaient relégué, s'appuyant d'ailleurs sur un accord avec un vicaire-perpétuel du nom de Pierre Lartigue. Or cette chapelle était dédiée à saint Michel et le tableau représentait à la fois l'archange et saint Pierre. Mgr d'Aulan trouvant excessif cet état de choses interdit cette chapelle (26 avril 1739). (18)

Sore.— Si riche en autels, chapelles, prieurés, hôpitaux, cette

(12) Dompnier : Chroniq. 1-39.
(13) Congr. archéol. 1889, p. 179.
(14) Arch. du presbyt. de Dax. Visites pastor.
(15) Monogr. paroiss.
(16) Cf. la collection de l'*Avant-Garde*.
(17) Archiv. du presbyt. Dax.
(18) Arch. du presbyt. Dax.

pâroisse avait naturellement sa dévotion à saint Michel, dévotion chère à Maître Etienne Lalagüe, prêtre et curé de Sore en 1656, lequel achète un devant d'autel pour la chapelle du saint. (19)

SORT. —Autrefois l'église avait un autel dédié à notre archange.(20)

SOUSTONS. — Grâce au peintre Michel de Lafitte qui « repassa » saint Michel en 1661, nous savons que les anciens Soustonnais n'étaient pas indifférents au culte du vaillant archange, et nous soupçonnons qu'un des huit plats qui couraient dans l'église était destiné à l'entretien de cette chapelle. (21)

SUZAN. — Le petit autel de saint Michel, dans la nef, avàit un tableau que Mgr d'Aulan remarqua. La confrérie n'ayant pas de statuts, il promit d'en donner. (22)

TARTAS. — Dans l'église saint Jacques, au nord de la nef, s'ouvrait l'autel de saint Michel où la maison de Chambre, entre autres, avait droit de sépulture. (23)

VICQ. — La chapelle du saint était au midi, dans la nef.

YCHOUX. —Même observation, pour la même époque. (24)

III. — Le culte du saint dans l'ancien diocèse d'Aire

ARCET. — Grâce à M. l'abbé Daydrein, curé de Montaut, à qui les archives diocésaines doivent un précieux contingent de vieux parchemins, et qui a bien voulu nous communiquer les Statuts de l'ancienne confrérie d'Arcet, ces pages froides et décolorées vont s'animer et vivre au souffle ardent, à la chaleur enthousiaste de la foi de nos pères. L'original de ces Statuts existe-t-il encore ? Peut-être : mais en attendant, la copie moderne, rédigée du temps de Mgr Savy, a presque la saveur, l'orthographe en moins, du texte primitif, et nous la donnons telle quelle, en ajoutant les sous-titres et quelques réflexions.

« Statuts pour la confrérie du Bienheureux saint Michel archange,
» établie dans l'église d'Arcet, en Chalosse, le sept du mois de May
» mille cinq cens nonante neuf. »

ARTICLE PREMIER. — Le directeur de la confrérie sera M. le curé d'Audignon.

Arcet était alors, et resta jusqu'à la Révolution au moins, annexe d'Audignon.

ART. II.— *Obligations spirituelles.*

« Il a été délibéré... que ceux ou celles, qui auront dévotion d'y
» entrer seront d'obligation de jeûner la veille de la fête de saint

(19) Rev. de Borda, 1891, p. 20. Art. de M. l'abbé Mengelatte.
(20) Monogr. paroiss.
(21) Arch. du presbyt. de Soustons.
(22) Arch. du presbyt. Dax. Ces statuts ont-ils jamais existé ?
(23) Notes de M. l'abbé Départ.
(24) Arch. presbyt. Dax. ...

» Michel, et seront tenus de dire tant aux premières vêpres qu'à la
» grand'messe qu'on célébrera le jour de cette fête dix fois le *Pater*
» *noster*, autant l'*Ave Maria*, pour la prospérité des vivans et le
» repos des âmes des fidèles trépassez, y ajoutant un *Requiem*
» *eternam*, lesquels dits *Pater noster* et *Ave Maria* seront réi-
» térez aux secondes vêpres, au cas qu'ils ne sachent lire pour chan-
» ter ou dire vêpres du jour en corps, conjointement avec messieurs
» les prêtres officiant et autres personnes ; et seront obligés... de se
» confesser et communier chaque jour de la fête ou du moins pen-
» dant l'Octave de la fête de saint Michel. »

Notons plusieurs particularités qu'on ne retrouve pas dans d'autres
confréries : le jeûne et la prière pour suppléer à l'insuffisance du
chant. On voulait une fête en pompe : un saint Michel avec premières et secondes vêpres et octave.

Art. III.— *Obligations matérielles.*

« Que tout confrère et sœur qui voudra entrer dans la confrérie
prêtera le serement ou du moins protestera devant M. le curé de
bien et fidèlement observer les règles d'icelles, baillera à son entrée
cinq sols, lesquels seront employez pour l'entretien du luminaire ou
autres usages de la frérie, comme il sera dit plus bas . »

A relever en passant ce serment préalable qu'on demandait aussi
aux confrères de N.-D. de Pitié de Capbreton.

Art. IV.— *Jour officiel de réception.*

« Item... qu'aucun confrère ny sœur ne pourront être reçus dans
lad. confrérie que depuis les premières vêpres jusqu'aux secondes de
la fête, du moins que d'être malade, auquel cas si on a dévotion d'y
entrer l'on peut y être reçu en tout tems, en payant toutes fois cinq
sols pour le droit d'entrée pour être employez comme dessus. Les personnes de l'un et de l'autre sexe peuvent y être reçues en payant
cinq sols. »

On était très large, très accommodant pour les réceptions, et ce
n'était pas cher, bien que tout ne se bornât pas là.

Art. V.— *Invitation aux legs pies.*

« Comme aussi seront tenus tous les confrères et sœurs de laisser
quelque chose de leurs biens à la fin de leurs jours pour l'entretien
de la confrérie, s'ils en ont à leur dévotion.

Art. VI.— *Devoirs funèbres.*

« Item... que tous confrères et sœurs... sera obligé d'assister à
l'enterrement de chaque confrère ou sœur qui sera décédé, et aux
honneurs funèbres et obsèques qui se fairont dans l'église où il sera
enseveli. Et seront d'obligation chacun confrère et sœur de bailler
et payer comptant six liards au marguillier de la confrérie pour être

employez à la rétribution d'une messe des morts qui sera célébrée le jour de son enterrement, et la première s'il se peut, pour le repos de l'âme du défunt ou défunte. Et le surplus, s'il s'en trouve, sera employé au profit de la confrérie. Comme aussy sera tenu chaque confrère et sœur de dire dix fois le *Pater noster*, dix fois l'*Ave Maria*, et un *Requiem eternam* pour le repos de l'âme du décédé ou décédée, et faute de satisfaire au présent article ils seront biffez du livre d'icelle.

Art. VII.— *Sonnerie funèbre spéciale.*

« Item... que lorqu'il y aura un confrère ou confrèresse de décédez on enverra une personne de la maison du décédé pour avertir le sacristain ou benoît pour sonner les cloches, et donner trois coups de cloche avant que de sonner à mort, afin qu'on puisse distinguer si celui ou celle qui est décédée est confrère ou sœur de lad. confrérie. »

Voilà un détail généralement omis dans les autres formulaires de confrérie, comme aussi l'invitation à laisser « quelque chose de leurs biens à la fin de leurs jours. » Nos aïeux étaient pratiques et ne faisaient pas les choses à demi.

Art. VIII.— *La mande de corps.*

« Item... lorsque quelque confrère ou sœur viendra à décéder le marguillier aura un homme, s'il se peut, qui ira avertir les confrères dans leurs maisons pour se trouver aux honneurs funèbres d'iceluy, auquel exprès il sera payé par le marguillier cinq sols pour sa peine, et on le fera diner dans la maison du décédé, et au cas contraire que le marguillier ne trouvât personne pour ce faire, il sera tenu de le faire dire aux deux églises d'Arcet et Montaut par M. le curé ou M. son vicaire, afin que les confrères et sœurs soient avertis, tant pour satisfaire aux prières d'obligation pour le repos de l'âme du décédé, et entendre la messe, que pour payer les six liards ainsi qu'il est dit cy dessus. »

Inutile d'appeler l'attention des observateurs sur cet article, vraie photographie du paysan pratique et scrupuleux.

Art. IX.— *Matériel de la confrérie.*

« Item... qu'il sera entretenu deux grands cierges aux dépens de lad. confrérie, lesquels seront portez ou envoyez par les marguilliers de lad. confrérie dans la maison du décédé à la levée du corps, et brûleront pendant l'obsèque et la messe de la confrérie, si le cas est qu'elle puisse se célébrer le même jour... Comme aussi brûleront les mêmes cierges aux premières vêpres de la veille de la fête de saint Michel, à la grande messe du jour de la fête et aux vêpres d'icelle, semblablement à la messe et vêpres du premier dimanche de chaque mois, comme il sera dit cy après.

Il sera aussi entretenu une croix pour le besoin de la confrérie, et un drap mortuaire qu'on mettra sur le cadavre du défunt ou défunte.

Art. X.— *Indigents décédés.*

« Item... que si quelque confrére et sœur... n'avait pas de quoi se faire enterrer après son décès, et se faire faire les honneurs funèbres, lesd. honneurs lui seront faits aux dépens des biens de lad. confrérie.

Art. XI.— *Indigents malades.*

« Comme s'il se trouvoit dépourvu et qu'il n'eut pas de quoi se nourrir ny s'entretenir dans sa maladie, il en avertira M. le curé et marguillier afin qu'il lui soit donné quelque chose des biens de lad. confrérie pour sa nourriture et pour son entretien.

Art. XII.— *Devoirs envers les malades.*

« Item... quand un confrère ou sœur seront malades, chaque confrère et sœur seront tenus de l'aller visiter et de les consoler le mieux qu'il leur sera possible dans leur affection, en soulageant leurs maux et leurs peines autant qu'il dépendra d'eux, et leur fairont quelque honnète charité particulière et secrette s'ils se trouvoient dans le besoin et dans la nécessité. La même charité doit s'étendre sur toutes choses en leur procurant les biens spirituels lorsqu'ils sont malades, et les portant à recevoir les sacremens de pénitence et d'eucharistie, accompagnant le St-Sacrement et priant pour eux, lorsque le prêtre le leur porte et le leur administre, ou en quelque part qu'ils se trouvent lorqu'ils entendront sonner la cloche; lesd. confrères, sœurs, et tous ceux qui accompagneront le St-Sacrement avec les dispositions requises, gagneront les indulgences qui y sont accordées. »

Et dire que la philanthropie veut supprimer ou remplacer toutes ces admirables inventions de la charité catholique par je ne sais quelles singeries de bienfaisance !

Art. XIII.— *Confrères ennemis à biffer.*

« Item... s'il y a quelqu'un des confrères et sœurs en discorde, haine ou inimitié, ou procès entr'eux, ils seront découverts à M. le curé et marguillier de la confrérie, lesquels ils tacheront par la voye de la douceur de les remettre en paix. Que si les confrères étoient opiniâtres et qu'ils persévérassent dans leur malice, ou qu'ils ne voulussent pas s'en tenir, adhérer ny accepter l'accommodement juste et équitable que led. s' curé et marguillier leur auroit fait, ils seront rejettez de la confrérie, raturez et biffez du livre des confrères.

Art. XIV.— *Obligations du clerc.*

« Item... que le clavier en exercice ou son adjoint sera obligé de se rendre la veille de chacune fête de saint Michel dans l'église d'Arcet et à la chapelle de saint Michel pour préparer l'autel, et que toutes les autres choses nécessaires tant la veille que le jour de la fête et le lendemain y soient bien réglées, et d'autant que le clavier pourroit avoir affaires indispensables qui l'empêcheroient d'assister aux offices divins le jour, la veille et le lendemain de la fête dudit il lui sera donné comme adjoint un confrère qu'on nommera clerc qui sera obligé de faire les fonctious séparément ou conjointement avec le clavier, et ce clerc sera nommé par le clavier au gré de M. le curé et principaux confrères.

ART. XV.— *Obligations des confrères pour l'entretien.*

« Item... chaque confrère et sœur... seront tenus de bailler chacun cinq sols la veille, le jour ou le lendemain de la fête de chaque jour de saint Michel pour l'entretien de lad. confrérie et son luminaire, comme aussi pour fournir aux frais et dépenses des cierges distribuez à chaque confrère et sœur lors des fêtes de saint Michel et du premier dimanche du mois, aux vêpres et Bénédictions du St-Sacrement comme il sera d'usage, autrement le cierge leur sera refusé par le clavier, et seront rejettez de lad. confrérie et biffez du livre d'icelle.

ART. XVI. — *Grand'messe chantée.*

« Item... que le marguillier ou clavier faira dire une messe chantée le jour de chaque fête de saint Michel avec diacre et soudiacre, s'il se peut, pour la santé et prospérité des vivans et spécialement des confrères et sœurs, pour le repos des âmes des fidèles trépassez et singulièrement de celles des confrères et sœurs de lad. confrérie ; et sera payé au célébrant par le clavier seize sols et au diacre et soudiacre à chacun cinq sols pour leur rétribution. »

On dit souvent : charité bien ordonnée commence par soi-même. Nos confrères ne s'excluent pas certes, bien au contraire : mais ils commencent par une intention générale pour les vivants et les défunts, pensée touchante qui intéressait toute la paroisse au succès de la confrérie. Notons encore qu'ils appliquaient la grand'messe aux vivants et aux défunts à la fois.

ART. XVII. — *Multiple destination de la réserve.*

« Item... que s'il y a du fonds dans lad. confrérie le marguillier faira venir la veille de chaque fête un prédicateur approuvé tant pour prêcher à la grand'messe du jour de la fête que pour confesser les confrères et sœurs qui souhaiteront se confesser à lui, auquel le clavier faira chanter la messe matutinalle avec les respons, *Libera,* etc., et auquel il sera payé trois livres seize sols et sa dépence.

Pareillement le même fonds sera employé à faire dire une messe haute tous les premiers dimanches de chaque mois avec obsèque, comme aussi les grandes fêtes annuelles auxquelles l'on faira chanter l'office des morts tout au long la troisième fête d'icelles pour les mêmes intentions cy dessus exprimées dans l'art. 16ᵉ, à quoi seront obligez d'assister les confrères et sœurs et d'unir leurs intentions à celles de l'Eglise, se recommanderont au Bienheureux saint Michel, prieront pour la conservation de Notre Saint Père le Pape et Monseigneur notre évêque, pour l'extirpation des hérésies, pour l'augmantation de la foi catholique, apostolique et romaine, pour la paix entre les princes chrétiens, pour les confrères vivans et trépassez et pour l'augmentation de la confrérie; et finalement ce même fonds sera employé à la décoration de la chapelle de saint Michel et autres usages nécessaires pour le service divin. »

Nous appelons l'attention sur un passage obscur où il serait question de l'office des morts chanté la troisième fête d'icelles ??? L'original des Statuts rectifierait peut-être la rédaction.

Art. XVIII. — *Service pour les morts.*

« Item... que le lendemain de chaque fête de saint Michel le clavier faira chanter l'office des morts tout au long avec une grande messe des morts ensuite, et à la fin un *Libera* avec l'oraison *Deus venio largitor* (sic), etc. pour le repos des âmes des défunts confrères et sœurs, auquel service les confrères et sœurs seront obligez d'assister sauf légitime excuse, et sera payé pour la rétribution de chaque messe chantée au prêtre célébrant seize sols, et pour l'office des morts quatorze sols.

Art. XIX. — *Officiers de la confrérie.*

« Item... qu'il sera établi annuelement deux des confrères pour être marguilliers ou claviers de lad. confrérie des plus apparents d'iceux et dont la probité sera reconnüe, pour agir, gouverner et administrer les revenus de lad. confrérie; lesquels prêteront serement devant M. le Curé et autres confrères, afin que le tout soit en bon ordre, de bien et fidèlement distribuer et gouverner les charités et revenus d'icelle et porteront leurs registres clairs et nets.

Art. XX. — *Prière finale à saint Michel.*

« Item... que chacun des confrères et sœurs fairont chaque jour quelque prière à Dieu à leur dévotion, et intercèderont le Bienheureux saint Michel afin leur obtienne auprès de Dieu le pardon de leurs péchez, la grâce de faire une bonne mort, et qu'ensuite il leur fasse part de la gloire céleste, et prendront le Bienheureux saint Michel à l'heure de leur mort pour leur protection et défenseur contre le démon et ses embûches. »

Art. XXI. — *Lecture des statuts.*

« Et afin que toutes ces règles et statuts soient bien observées et exécutées de point en point, il sera fait lecture aux premières et secondes vêpres de chaque fête de saint Michel. »

Tel est ce code aussi intéressant qu'édifiant qui traversa les siècles et qui plùt à Monseigneur Savy, puisqu'il l'approuva le 6 février 1833 et le gratifia de cinquante jours d'indulgence (1).

Au dernier siècle encore la confrérie était assez prospère : Sieur Pierre Cassiet, bourgeois de Montaut, par testament du 6 avril 1747, lui léguait 10 livres (2); Mgr de Gaujac s'intéressait à sa chapelle du collatéral gauche ; il ordonnait qu'on changeât la pierre sacrée avec le tapis pour couvrir l'autel, et qu'on réparât le vitrail en désordre. Il paraît toutefois qu'à cette époque on n'y donnait jamais la bénédiction du Saint-Sacrement (28 Mai 1756) (3).

Arue. — Cette paroisse avait une chapelle dédiée à notre saint.

Aubagnan. — Même observation.

Audignon. — L'église mère avait-elle accaparé la ferveur primitive de sa fille d'Arcet? c'est à croire, au moins pour le dernier siècle, où l'on retrouve à Audignon la confrérie de saint Michel avec son marguillier spécial et 46 confrères (4). L'autel du bas-côté de droite, à notre saint consacré, porte en inscription la date 1600 (5).

Aulès.—Comme en plusieurs autres paroisses, Mgr de Gaujac nota que dans la chapelle de saint Michel, à droite dans la nef, il y avait à changer le Christ, le Te igitur et la pierre sacrée (6). C'est là qu'on enterrait les Broca Perras, ancienne famille du pays (7).

Ayzieux. — Saint Michel était le patron de cette paroisse de l'ancien archiprêtré de Mauléon (8).

Baussiet. — Baussiet, l'antique *Valle signata*, nous offre, à gauche, un saint Michel, dans son église à visiter par les archéologues (9). Histoire, archéologie, linguistique et tradition se donnent la main pour identifier définitivement les deux dénominations.

Bedeyssan. — Guillaume-Sanche, comte de Gascogne (963-982), fit donation aux Bénédictins de St-Sever du village et de l'église saint Michel « de Benissanis, seu de Bedeisan » (10). En 1009, Bernard-Guillaume, son successeur, confirme cette donation qu'il signale immédiatement avant celle de saint Jean de Villeneuve (11). Vers 1068, Bernard Tumapaler, autre comte de Gascogne, ajoute, « in

(1) Arch. du presbyt. de Montaut. Ces archives actuellement classées seront particulièrement consultées avec fruit par les futurs historiens de l'instruction primaire avant 89.

(2) Etude de Mugron, Broca notaire.

(3) Archiv. de l'évêché.

(4) Visites épiscopales.

(5) Monogr. paroiss.

(6) Archiv. de l'évêché.

(7) Monogr. paroiss.

(8) Cazauran : Pouillé, p. 73.

(9) Archiv. de l'évêché.

(10) Du Buisson, 2-127.

(11)   id.   2-139.

curti Betissanis » trois domaines considérables, appelés « Carpactum, Carpanetum » et le Hourcq, avec toutes leurs appartenances en eaux et forêts (12). Quelques années plus tard, on voit un certain Arnaud de Laroque prélever un tribut de 200 sols dans les mêmes quartiers (13).

Il s'agit de savoir si cette ancienne paroisse est la même que Beydessan, Bederissan, Verissan, et finalement Breyxan ou Breschan, annexe de Mauléon, dans le Gers. La difficulté, c'est que Breschan a pour patrons saint Pierre ou saint Roch (14).

Bourriot. — On compte saint Michel et saint Blaise comme patrons secondaires. (15)

Brassempoy. — Le pouillé de 1573 mentionne les prébendes de saint Michel ou de Poy, de Bordieu, de sainte Anne et de Misson. Le pouillé de 1680 et la visite pastorale de 1756 ne parlent que des prébendes de saint Jean, de sainte Anne, et de sainte Catherine ou de Capdeville (16). Je pose une question : l'ancienne prébende de saint Michel ne serait-elle pas la même que celle de sainte Catherine, parce que le seigneur de Brassempoy était le patron de l'une et de l'autre ?

Bruix. — St-Michel de Bruix, ancienne annexe de Puyol, actuellement de Clèdes, avait une chapelle où le seigneur et sa famille avaient seuls le droit d'être enterrés. La bénédiction du Saint-Sacrement ne se donnait que le jour de la Fête-Dieu, et les Vêpres ne s'y chantaient que pour la fête patronale. (17)

Cazères. — Pas d'autres renseignements que la mention d'une prébende de saint Michel dans l'assiette de 1573. (18)

Coudures. — Dans un enfoncement pratiqué contre le mur de la nef, à droite, se voyait au dernier siècle une chapelle qui manquait de croix, de chandeliers, de *Te igitur*, et dont la pierre consacrée était à changer. Saint Michel en était le titulaire. (19)

Doazit. — St-Jean Plantier, marchand, testant le 14 avril 1749, donna 25 livres à la frérie saint Michel établie dans la paroisse (20). Il est très probable que cette confrérie, sur laquelle nous n'avons pas d'autres détails, était attachée à la chapelle du même saint d'Aulès.

Eyres. — Au collatéral de gauche on remarquait l'autel dédié à

(12)   id.   2-158.
(13)   id.   2-184.
(14) Cazauran : Pouillé, pp. 78-79.
(15) Monographies paroissiales.
(16) Cazauran : Pouillé, f. 54.
(17) Arch. de l'Evêché.
(18) Cazauran : Pouillé, f. 90.
(19) Arch. de l'Evêché. Visite du 18 Mai 1756.
(20) Etude de Mugron : Broca Nre.

notre archange, autel d'ailleurs en état, sauf le tableau à décrasser (21).

GABARRET.—On l'a dit ailleurs : Maître Pierre Parage, prêtre prébendier de sainte Anne et de saint Michel, dénombra, le 24 Mai 1689, plusieurs fiefs avec droits de lots et ventes et de prélation en Gabarret, Rimbès, Ste-Meille, Baudignan, Estampon et Escalans. Jean de St-Martin l'avait précédé comme titulaire. (22)

GOUDOSSE.—Dédiée à Notre-Dame, cette ancienne et fameuse chapelle avait son collatéral de droite consacré à notre saint. Mgr de Gaujac prescrivit comme ailleurs généralement de changer la pierre sacrée. (23) Le 29 septembre, terme annuel des fêtes religieuses, les enfants s'y consacrent à la sainte Vierge et à saint Michel. C'est sans doute à Goudosse qu'est rattachée la confrérie du même saint.

HONTANX.— Qui nous donnera des nouvelles d'une ancienne chapelle de saint Michel vendue sous la Révolution. (24) Est-ce la même que la grange actuelle vendue par la commune en 1822, et qui était située près du château ? Cette dernière avait une nef et deux chapelles latérales. (25) Toujours est-il que l'ancien quartier de Toujouse-Blanque s'appelait aussi saint Michel, que le baron y percevait trois portions de dîme sur huit, (26) que le patron paroissial était saint Martin, et que la chapelle succursale du bourg était dédiée à saint Blaise. Saint Saturnin de Toulouse, comme on l'a prétendu, n'avait à Hontanx aucun autel spécial.

LACAJUNTE. — Le pouillé désigne comme patrons saint Michel et saint Martin. M. de Cauna ne parle que du premier. (27)

LAGRANGE.—Les Prémontrés avaient consacré l'autel de gauche à notre saint. (27)

LENCOUAC. — Ici nous rencontrons une ancienne statue de saint Michel sculptée en bois d'orme. Sur l'autel du même saint Mgr de Fromentières fit placer de petites croix en bois avec l'image du crucifix. (1678)

LOUBENS.—Son église de saint Michel fut détruite au XVIe siècle; l'église actuelle, qui a notre saint pour patron secondaire, date de 1855. La fontaine de saint Michel est surtout visitée le 29 septembre. De son antique splendeur il reste une colonne de marbre blanc surmontée d'une croix en pierre. (28)

MOMUY.— Dans un petit collatéral à gauche la chapelle de saint Michel frappa Mgr de Gaujac par son dénuement : point de cartons,

(21) Visite pastorale du 25 mai 1756.

(22) Arch. des B.-P. B. 134.

(23) Arch. de l'Evêché.

(24) Arch. du Grand-Séminaire d'Aire, Mss. Légé, p. 311.

(25) Monogr. paroiss.

(26) Arch. de M. l'abbé Meyranx.

(27) Congr. scient. f. 67, Cf. Cazauran, 115.

(28) Visites pastorales.

ni de *Te Igitur*, ni de tapis pour autel, et au lieu d'un beau tableau richement dessiné une simple image (29).

Moncla.— Cette paroisse de l'ancien diocèse d'Aire était dédiée à l'archange (30).

Perquie.— Dans la nef, à droite, on voyait au dernier siècle l'autel du saint.

Puyo. — Au dernier siècle encore on remarquait au sanctuaire, à gauche, une grande image de saint Michel peint sur toile.

Réaut.— Saint Michel de Réaut, annexe de Canenx, fut visité le 6 février 1746 : au-dessus du Tabernacle un grand tableau représentait le crucifix entre saint Michel à gauche et la sainte Vierge à droite. Le cadre était en bois et les rideaux usés.

Sarraziet.— On chômait les deux fêtes du patron qui était saint Michel (31).

Saumon.— Cette ancienne église sous l'invocation du Bienheureux Archange était annexe de Mauvezin et située près de la métairie du Bourrut (32). Devenue tout à fait inutile, fortement ébranlée par les commotions révolutionnaires, elle fut démolie en 1860 après Ordonnance épiscopale. Aujourd'hui ce n'est plus qu'une ruine où s'enlacent, s'enchevêtrent à plaisir les ronces et les épines. (33)

Saint-Aubin.— Notre saint était doublement fêté par une chapelle et une confrérie. La chapelle au bout du collatéral fut trouvée en état par Mgr de Gaujac, dans sa visite du 13 juin 1755. A cette époque, la confrérie, très prospère, comptait 80 membres, étrangers néanmoins en partie. La bénédiction du Saint Sacrement se donnait chaque premier dimanche du mois avec procession autour du cimetière, en l'honneur de cette confrérie. En son honneur aussi les deux fêtes de saint Michel étaient annoncées comme fêtes de précepte (1).

A cette confrérie, probablement fort ancienne, furent léguées neuf livres, le 18 juin 1700, par Arnaud de Lacouture, simple laboureur (2). En général, pour la piété, les petits en remontrent aux grands.

St-Girons-de Hagetmau. — Les jours de saint Michel, en mai et septembre, le chapitre allait en procession à l'hôpital et chantait la grand'messe célébrée par M. le Curé.

Saint-Perdon.— Cette paroisse intéressait le bienheureux archange

(29) Monogra. paroiss. Loubenx étant annexe de Hontanx, la chapelle dont il vient d'être parlé comme vendue sous la Révolution appartient probablement plutôt à Loubenx qu'à Hontanx.

(30) Visite du 15 septembre 1756.

(31) Cazauran : Pouillé, f. 80.

(32) Visites pastorales de Mgr de Gaujac.

(33) Romieu : Juliac, p. 388.

(34) Monogr. paroiss.

(1) Arch. de l'évêché.

(2) Etude de Mugron : Lanefranque, Nᵐ.

à la conservation des fruits de la terre par une procession spéciale en mai.

Saint-Sever. — Cette paroisse d'élite a le prix d'honneur pour le culte de saint Michel : autel, chapelle, confrérie, prébende, hôpital, tout chante à l'unisson le glorieux archange.

Les Bénédictins étaient maîtres dans la chapelle du saint située au quartier du Bas du Pouy, vers l'hôpital des passants : et ce ne fut pas sans difficulté que Mgr de Gaujac put noter au passage que l'autel et la statue étaient en bon état : néanmoins le rétable et le tabernable n'étaient pas dorés. Le premier « clavier » de la confrérie présenta ses livres commencés en 1711. De statuts il n'y en avait pas. Tout l'entretien de la chapelle et le service incombaient aux confrères qui faisaient célébrer une messe chaque premier dimanche du mois et chaque fête de Notre-Dame.

Au milieu de la chapelle existait un second autel dont le tableau était fort vieux. On y avait vu faire autrefois des enterrements par M. le Curé, et les confrères y avaient leur sépulture. A cette époque (1741), la chapelle servait de station pour les Rogations ; on y disait des messes votives et on y percevait un casuel, les fêtes de saint Michel. En 1741 on y chanta même la messe et vêpres.

Autrefois, continue la visite, il y avait un chapelain attaché à ce service (3), et ce chapelain évidemment n'était autre que le prébendier de saint Michel. Cette prébende mentionnée dans l'état de 1577 ne paraît pas dans celui de 1680.

En revanche on signale une autre prébende de saint Michel dans l'église des Jacobins (4). Les religieux rivalisaient donc de piété en faveur de l'archange.

En traversant la rue, après la chapelle saint Michel, on montait à l'hôpital des Pèlerins, appelé tantôt hôpital saint Jacques, tantôt hôpital saint Michel et tantôt aussi hôpital des passants ou du Bas du Pouy. En 1741 ce n'était qu'une maison particulière occupée en grande partie par des personnes mariées. Une grande chambre à quatre lits était réservée aux pèlerins, plus un lit séparé pour les femmes. Le bien, qui était considérable, relevait de l'administration des Bénédictins (5).

En 1770 les maires et jurats demandèrent à l'intendant que les revenus de cet hôpital destiné aux pèlerins de saint Jacques fussent réunis à ceux de l'hôpital des malades, sous prétexte qu'il n'y avait plus de pèlerins et qu'on pouvait obtenir partout le pardon de ses péchés sans le chercher dans un long pèlerinage. Belles phrases pour pallier une spoliation ! (6)

(3) Arch. de l'évêché.
(4) Cazauran : Pouillé, p. 63.
(5) Arch. de l'évêché.
(6) Arch. de St-Sever, GG.19, d'après Tartière.

Non loin de là, au Pouy des Chrestians, s'ouvrait le cimetière des Cagots (7).

Le moine sacristain avait en propre la moitié des oblations dans la chapelle ou oratoire du saint (8) ; cette chapellle fut vendue sous la Révolution et a probablement disparu depuis.

La note suivante, que M. TEYSSIER a bien voulu nous faire parvenir, complètera ces indications sur le culte de Saint Michel à St-Sever.

<h2 style="text-align:center">Extrait</h2>

du " *Ceremoniale locale regalis necnon ad Sanctam Sedem nullo modo pertinentis abbatiæ sancti Severi in capite Vasconiæ Congregationis sancti Mauri, ordinis S. Benedicti* ".

Die 8 festum apparitionis S. Michaelis post vesperas in nostra ecclesia decantatas pridie hujus festi mittuntur quinque ex nostris fratribus, qui cum vicariis vesperas in capella ejusdem S. Michaelis sita ad radicem montis *de Mauleon* decantent. Celebrans indutus pluviali ab initio vesperarum incensat altare ad Magnificat. Ipso die festi unus ex nostris celebrabit maius Sacrum absque ministris sacris, solis vicariis respondentibus et cantantibus, facta prius processione circum ecclesiam, celebrante pluviali induto, cantando hymnos festi. Præter maius Sacrum mittuntur etiam saltem duo ex fratribus nostris sacerdotibus ad *dicendas missas* privatas. Sacrista debet curare ut omnia necessaria mittantur ad præfatam ecclesiam tam pro vesperis quam pro missis, ut dictum est in festo S. Giruntii ; sed mitti debent duplicia in multis quia sunt duo altaria in ecclesia sancti Michaelis.

Primo die non impedito festo duplici post apparitionis S. Michaelis cantabitur in ejus ecclesia missa pro defunctis fratribus vel potius confratribus hujus capellæ respondente vicario et uno ex fratribus nostris missam celebrante, in cujus fine fit absolutio.

Pro maiori Sacro quod celebratur in die festo nihil accipimus a confratribus S. Michaelis ; pro missa autem defunctorum quæ celebratur post festum diem pro confratribus, debet accipere sacrista sexdecim asses quando pecunia quæ collecta est in die festo defertur a fratribus secundum consuetudinem in arcam quam habent hic in nostra ecclesia prope sachristiam, cujus clavem unam habet sacrista, alteram vero ipsi confratres. Ideoque curare debet idem sacrista ut pecunia quæ colligitur ex oblationibus fidelium seu in die festo, sive per totum annum insumatur ad emendum quæ magis necessaria sint pro reparatione aut ornatu ecclesiæ S. Michaelis.

(Page 42 et seq.)

(7) Arch. des Landes, H. 87.
(8) Du Buisson, pp. 2-205.

SAINTE-COLOMBE. — Terminons en mentionnant la chapelle privée de saint Michel, sur la propriété de M. de Ladoue, à Montplaisant (9). Elle est sans doute de date récente.

IV. — Le culte dans les paroisses Landaises des anciens diocèses de Bordeaux, Bazas, Auch et Lescar.

BIAS. — L'église saint Michel de Bias, qualifiée prieuré dans un texte de 1273 (10), avait une confrérie avec statuts approuvés. Les confrères donnaient trois sols par an, et l'argent, recueilli par un coupier spécial, servait à des messes pour les défunts (1730) (11).

Le prieur de Mimizan percevait la moitié de la dime du « Mont Saint-Michel-de-Bias », ce qui amène ces justes réflexions du savant abbé Départ : « Bias aurait-il eu au Moyen-Age des liens d'affiliation » ou des relations quelconques avec la fameuse abbaye du Mont » Saint-Michel en Normandie, située *in periculo maris* comme » Bias le fut au bord de l'Océan ? »

BISCARROSSE. — Allez-y un dimanche et vous entendrez crier après la messe les offrandes à chaque autel : « *A trente sos lou coustoun de Sen-Miqueù, à tres liùres lou filet de Sen-Martin, à quinze sos lou tripoun de Nouste-Dame.* »

C'est que dans la nef, à droite, s'ouvre le bas côté de saint Michel.

A une clef de voûte on a représenté le vaillant archange, l'épée en main, tournée vers le dragon qu'il tient sous ses pieds (12).

LABALLE. — Cette annexe de Saint-Cricq aurait pour patron notre saint (13).

PAINSAS. — L'ancienne chapelle de Saint-Michel-de-Painsas est depuis 1678 l'église paroissiale de St-Paul-en-Born. Auparavant c'était celle de St-Paul-de-Frontignac démolie vers 1700. L'église actuelle a une nef et deux chapelles latérales dédiées à Notre-Dame et à saint Clair. M. l'abbé Dezest a érigé, en 1850, une confrérie de saint Michel.

PARENTIS. — L'autel de saint Michel ne fut pas oublié dans les dispositions testamentaires du laboureur Jean de Labat, dit Jouandous, lequel aux messes d'usage en ajouta 20 autres à 10 sols dont trois à célébrer « devant l'image saint Michel..... plus trois livres » aux coupes qui mandient en lad. église » et je serais surpris que celle de saint Michel ne fut pas des plus abondantes.

ST-JULIEN-EN-BORN. — Maitre Jean de Contis, notaire royal de St-Julien, légua, par testament du 12 juillet 1667, 30 sols à chaque coupe, 10 à l'autel saint Michel, et 10 autres à saint Michel de

(9) Monogr. paroiss.
(10) Du Buisson : pp. 2-261.
(11) Mss. de M. l'abbé Départ. Cf. *Revue de Borda,* 1886, p. 201.
(12) Monogr. paroiss.
(13) De Cauna : *Sess. du Congr.,* p. 82.

Bias (14). Nous en concluons qu'il dut y avoir une confrérie à Saint-Julien et à Parentis comme à Bias.

Saugnac. — Cette paroisse qui a Muret pour annexe fêtait notre saint en mai et septembre (15).

Serm. — St-Michel-de-Serm, ancienne paroisse de l'archidiaconé de Sos, nous appartient à quelque titre parce qu'elle s'étendait au Sud-Ouest de Parleboscq et eut son territoire annexé à Laballe, après la Révolution. En 1546 la fabrique perçut 7 mesures de froment, 12 de seigle, un char de millet, 2 « ferrats » de baillart et avoine, 3 faix de lin et 2 barriques de vin.

L'église paroissiale aujourd'hui disparue était bien « bastie de bri-» que, seullement voultée au-dessus du mur... garnie de vitres » nécessaires excepté au costé dextre que y a une étoile au lieu de » laquelle faudroit mettre une vitre, et le cimetière n'est pas fermé. » On songeait alors à faire deux voûtes et une tour pour le clocher (16).

<h3 style="text-align:center">V. — Addenda.</h3>

Gouts. — Le culte de saint Michel n'y était pas inconnu. On montre encore une fontaine et on parle d'un vieil autel consacrés à ce saint.

Nousse. — N'oublions pas une vieille toile de saint Michel qui ornait l'autel du même nom.

Richet. — Dans la nef, la chapelle du Midi était dédiée à l'archange.

Saubagnac. — Lors de la démolition de cette chapelle, vendue aux enchères en l'an IV, un tableau de saint Michel s'y trouvait encore, et l'autel avait conservé intacte sa pierre sacrée (17).

Mentionnons enfin, d'après M. l'abbé Degert, la fête « Revelatiotionis sancti Michaelis » qui se célébrait le 8 mai et dont on voit l'office dans le Bréviaire de Dax du XIVe siècle. L'obituaire Dacquois de la même époque date aussi d'après cette fête.

(14) Arch. de M. l'abbé Départ.
(15) De Canna: *Souv...* p. 90.
(16) *Rev. de Gasc.* 1891, pp. 447-448.
(17) *Revue de Borda*, 1873, p. 292. Article de M. Hector Serres.

Aire. — Typ. J. Labrouche, Imp. de l'Évêché.